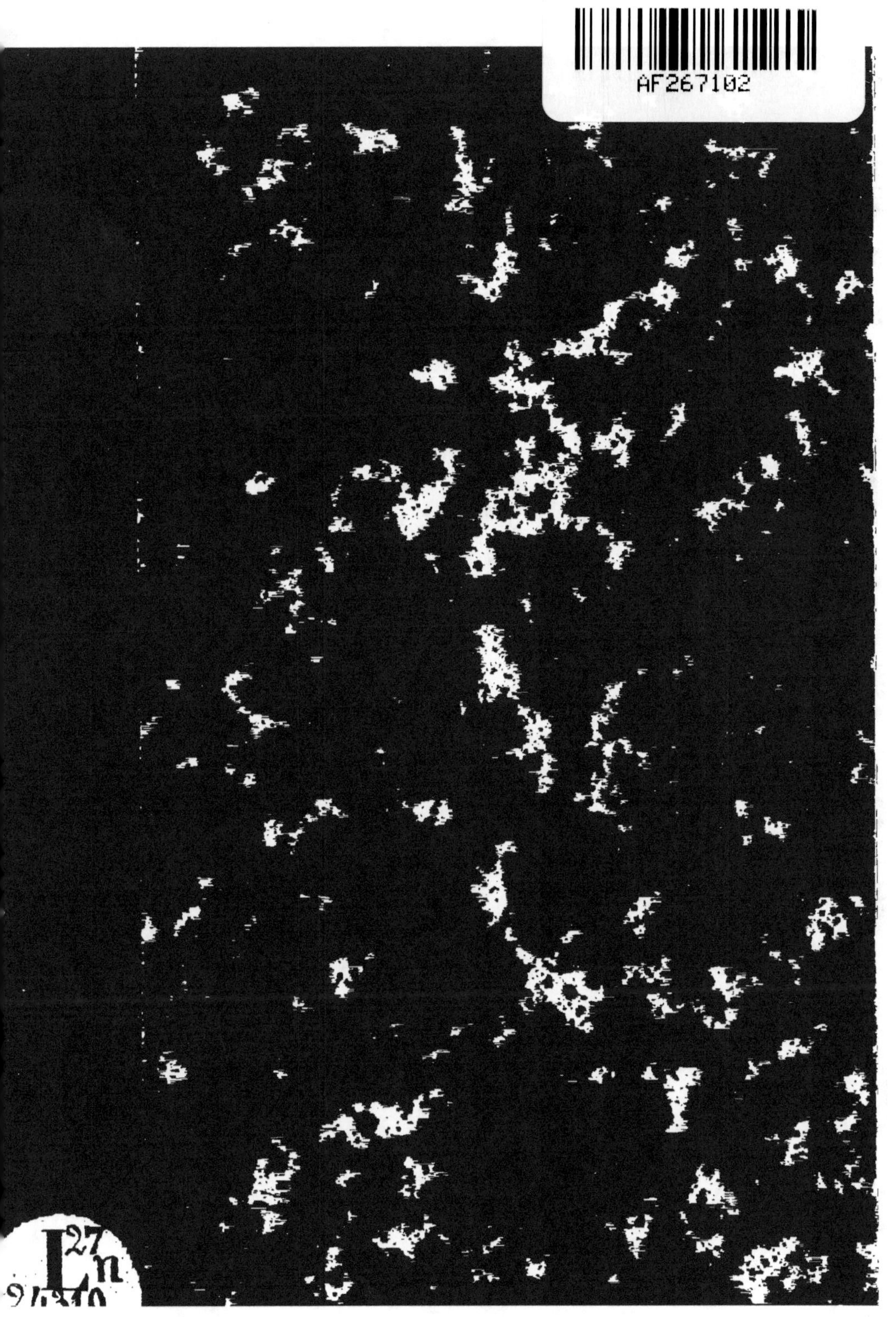

HENRI-LUBIN-ADELPHE

CHASLES

Chevalier de la Légion-d'Honneur

Maire de Chartres

Député

Membre du Conseil général d'Eure-et-Loir

1830-1848

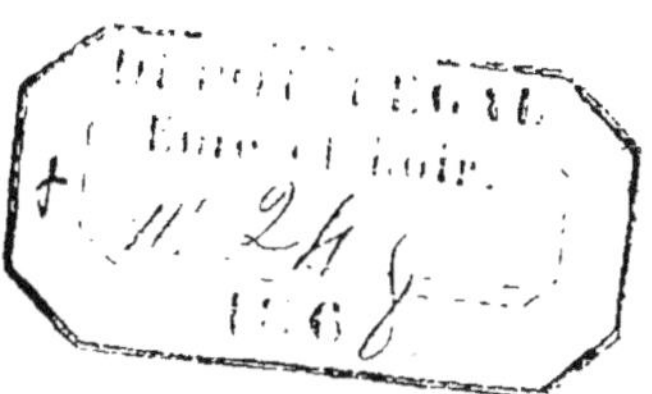

CHARTRES. IMPRIMERIE DE GARNIER.

—

1868

ADELPHE CHASLES.

———

Je me propose de retracer les principaux actes de la vie publique de M. Adelphe Chasles, dont la perte récente laisse un si grand vide au milieu de ceux qui l'ont connu; lié avec lui pendant plus de quarante ans d'une amitié qui me fut chère, je dirai quel fut cet homme de bien, son esprit aimable, la bonté de son cœur et son noble caractère.

En recueillant les souvenirs de cette vie si bien remplie, je crois répondre au vœu de la famille de M. Chasles et des nombreux amis qui le regrettent; j'écris donc ces pages avec l'espoir qu'elles seront accueillies avec bienveillance et intérêt.

Maire de Chartres, député, membre et plusieurs fois président du Conseil général d'Eure-et-Loir, M. Chasles a mis au service de son pays de hautes facultés intellectuelles, relevées par un sentiment de dignité morale qui lui était propre. Il sut conquérir, dans ces différentes fonctions, l'estime publique qui reste aujourd'hui fidèle à sa mémoire. Sa ville natale, après une séparation de vingt ans, vient de lui donner un touchant témoignage de sympathie et de reconnaissance; le Conseil municipal a décidé que le boulevard Saint-Michel, où est située la maison bâtie par son père, et dans laquelle lui-même fut élevé, porterait à l'avenir le nom de *Boulevard Chasles*.

M. Adelphe Chasles naquit à Chartres, le 5 octobre 1795; il trouva dans sa famille, dès son enfance, l'exemple d'une vie utile et laborieuse; car tous ceux qui ont connu M. Chasles père n'ont pas oublié sa vive intelligence, et cette merveilleuse aptitude pour les affaires, ce zèle pour les intérêts de ses concitoyens, qui ne se sont jamais démentis pendant sa longue et honorable carrière.

Ce fut au Lycée Impérial que M. Adelphe Chasles fit ses études; les prix qu'il obtint chaque année, de nombreuses nominations dans les concours généraux témoignèrent de ses heureuses dispositions naturelles et de son application à les développer. Il étudia le droit, cette science de l'homme public, et devint notaire à Paris. Des malheurs domestiques, sa santé compromise l'obligèrent à abandonner prématurément la carrière qu'il avait choisie et qui convenait à ses goûts. Il dut aller passer deux années dans le midi, et revint se fixer à Chartres, en 1829.

A cette époque, la courte et libérale administration
de M. de Martignac avait fait place au ministère qui
devait, peu de temps après, entraîner dans sa chute
la branche aînée des Bourbons; la lutte était enga-
gée entre les volontés nationales, sorties de la Révolution de 89 et les tendances d'un Gouvernement
qui semblait résolu à anéantir les institutions cons-
titutionnelles conquises au prix de tant d'efforts.
L'opinion publique était émue; une vive agitation
régnait dans les esprits, mais peu d'hommes avaient
assez de résolution et d'autorité pour grouper autour
d'eux les éléments d'une opposition divisée. Dans
notre pays, M. Chasles prêta à la résistance légale
du parti libéral l'appui d'une volonté forte et d'une
infatigable activité. Mais il apparut dès lors tel qu'il
se manifesta dans tout le cours de sa longue carrière, doué d'une droiture à toute épreuve et d'une
indépendance de caractère qui le firent résister si
souvent aux faveurs enivrantes de la popularité. Il
en fut constamment récompensé par l'estime de
tous.

Parmi les témoignages flatteurs qu'il en reçut
alors, je citerai un fait qui prouve combien il était
apprécié déjà, même par les hommes que leurs
opinions politiques et leur situation sociale avaient
rangés dans le parti le plus opposé au sien.

Les souvenirs que Monseigneur de Montals a lais-
sés à Chartres sont encore trop vivants pour qu'il
soit besoin de rappeler les éminentes qualités de ce
grand Évêque, sa féconde intelligence, son caractère ardent, l'élévation de son âme qui l'attirait

vers les gens de mérite et de cœur, quelque part qu'il les rencontrât. Soit qu'on lui eût parlé avec éloge de M. Chasles, soit qu'il l'eût jugé par quelques écrits, il voulut connaître le jeune adversaire dont il distinguait la valeur; il le connut; dès ce moment, malgré des divergences énormes d'opinions, il ne cessa d'avoir pour lui un véritable attachement. J'eus occasion à une autre époque de voir quelquefois le vénérable prélat chez M. Chasles et dans son intimité; il se plaisait dans cet intérieur; cette vive imagination, cet esprit robuste mais inégal, aimaient à se mesurer à cet autre esprit judicieux et savant. D'accord en matière de religion, ils ne l'étaient pas sur beaucoup d'autres points. Ils discutaient donc et vivement; mais la discussion, où chacun d'eux brillait en son genre, n'eut jamais pour résultat que d'augmenter d'un côté le respect, de l'autre l'estime et la bienveillance.

Je n'ai pas à raconter ici les événements qui s'accomplirent alors et amenèrent un changement de gouvernement. J'ai entendu me borner à dire comment M. Chasles était entré dans la vie publique; je me propose de l'y suivre, en rappelant d'abord les principaux actes de son administration comme Maire de Chartres.

Au moment de la Révolution de juillet 1830, M. Billard aîné était Maire de Chartres.

En rencontrant dans ce récit le nom de M. Billard, je m'arrête avec respect devant cette personnalité si recommandable, si digne de la vénération de tous; et je donne, comme vieux Chartrain, un souvenir de reconnaissance à ses longs et courageux services.

M. Billard, chef de l'une des anciennes familles de notre ville, fut maire de Chartres pendant vingt-huit ans; il eut à traverser dans ces fonctions une époque bien redoutable, celle des guerres de l'Empire et des deux invasions de la France par l'Europe coalisée. Il lui fallut, je l'atteste, un dévouement à toute épreuve pour se maintenir ferme à son poste pendant ces longs jours de tourmente où la ville fut occupée militairement par les troupes étrangères.

Aussi, la cité qu'il avait su protéger et défendre, en garda la mémoire; et quinze ans après, en 1830, lorsqu'une révolution nouvelle vint remettre en question les situations administratives, pas une voix honnête ne s'éleva pour demander le changement de M. Billard; mais l'heure du repos avait sonné pour lui; il conserva ses fonctions pendant quelques semaines encore, et s'en démit volontairement, malgré les instances d'un grand nombre d'habitants, notamment de M. Adelphe Chasles.

Le vœu public avait d'avance désigné le successeur de M. Billard; et le 27 août 1830, M. Chasles était installé dans les fonctions de Maire. Le premier acte de son administration fut de provoquer une délibération du Conseil municipal qui attestait la reconnaissance de la cité envers son honorable prédécesseur.

On croit communément que les fonctions de Maire sont faciles à remplir; on se trompe; cette fonction

est l'une des plus considérables des fonctions administratives, et je n'hésite pas à dire que celui qui
en est revêtu, qui veut l'occuper dignement et
dominer sa position, doit tout savoir en législation;
car il est à lui seul, à divers degrés, le dépositaire
ou le représentant de tous les Pouvoirs publics.
Comme membre du Conseil municipal, il a sa part
du Pouvoir qui délibère et qui contrôle; comme
Maire, il est le chef de la cité qu'il représente, il
défend ses droits et ses intérêts, il exécute ses volontés; comme délégué du Pouvoir exécutif, il agit
au nom du chef de l'État; et à lui seul, dans les
limites de la Commune, il a des attributions innom-
brables relevant de tous les ministères.

Grâce à une rare aptitude et à un ardent amour
pour le travail, qui fut jusqu'à son dernier jour l'un
des traits principaux de son caractère, M. Chasles
fut bientôt à la hauteur du poste qui lui était confié.
L'administration sage, paternelle, mais un peu sta-
tionnaire qui avait précédé la sienne, laissait beaucoup à faire à de nouveaux Édiles; sans quitter les
errements de sagesse où les intérêts communaux
étaient engagés, il jugea que le temps était venu
d'entrer dans la voie du progrès et de mettre la cité
en possession des améliorations qui devaient, en
l'embellissant, augmenter le bien-être de tous et la
fortune publique.

Disons dès le début, qu'il eut pour auxiliaire,
comme adjoint, pendant toute sa carrière administrative, un de ses amis les plus intimes, le docteur
Durand, dont le zèle et les lumières ne lui firent

jamais défaut, et contribuèrent puissamment à me-
ner à bien tant d'utiles et difficiles entreprises. Lui
aussi a disparu de ce monde, il y a quelques années, emportant de nombreux regrets qui sont loin
d'être effacés.

Dès les premiers temps de son administration, à
la fin de 1830, M. Chasles abordait une question
considérable qui intéressait à un haut degré l'assainissement de la ville, son embellissement, et le
besoin de s'étendre en de nouveaux quartiers où
elle trouverait de l'air et de l'espace. Le boulevard
Saint-Michel, qui va de la porte de ce nom à la place
des Epars, aujourd'hui le plus beau quartier de la
ville, offrant au midi une promenade si gaie, si
riante, si fréquentée, ce boulevard était à cette
époque un lieu presque désert. Une plantation
d'arbres séculaires, beaux il est vrai, mais parvenus
au dernier terme de leur vie, était bordée d'un côté
par des champs ou des enclos inhabités; de l'autre
côté, de l'une à l'autre porte, s'élevaient sur une
longueur de 800 mètres environ, les anciennes for-
tifications, maçonnerie formidable et d'une grande
hauteur, dont le pied baignait dans un fossé immense recevant les égouts et les immondices de la
ville.

L'exécution de l'entreprise donna lieu à de longs
travaux; commencée en 1830, elle ne fut terminée
qu'en 1834; alors les anciens remparts, ces débris
d'un autre âge, avaient disparu; une rue nouvelle
était ouverte, qui donnait accès au quartier des
Halles, et recevait le nom d'une célébrité char-

traine, la rue Régnier; les profonds et larges fossés, comblés et nivelés, étaient devenus de beaux emplacements à bâtir où l'on vit s'élever bientôt de jolies habitations; et la vente que l'on fit de ces terrains aux enchères publiques, faisait entrer dans la caisse communale un produit de près de 80,000 fr.

Une opération semblable, mais dans des proportions moins grandes, devait bientôt assainir et embellir un autre quartier; les remparts entre la porte Châtelet et la porte Saint-Jean tombaient à leur tour en 1835, et donnaient lieu à la création de la rue nouvelle qui relie ces deux entrées de la ville.

Ces grands travaux n'avaient pas eu seuls le privilége d'exciter le zèle et l'activité du nouveau Maire; des améliorations plus modestes en apparence mais non moins utiles, celles de la circulation intérieure, étaient urgentes et vivement désirées par la population; la plupart des rues étaient étroites, mal pavées, impraticables; dès l'année 1831, 95,000 francs étaient affectés à ces besoins; le Conseil municipal votait un emprunt de 60,000 francs, et telle était la confiance qu'inspirait cette jeune administration, que, le lendemain même du vote, le Maire annonçait au Conseil et constatait par une délibération, qu'une souscription à cet emprunt, ouverte parmi les habitants, avait été remplie en entier dans les vingt-quatre heures.

En même temps l'octroi avait été mis en régie; les tarifs avaient été révisés, une meilleure nomenclature des objets imposables augmentait notable-

ment les produits, et préparait dès lors ces magnifiques revenus qui font aujourd'hui la richesse de
la ville.

Une institution, qui à elle seule est un immense
bienfait, la caisse d'épargne, était fondée en 1832.

Les abattoirs particuliers avaient dû être éloignés
de l'intérieur de la ville; mais l'administration
s'était préoccupée de cet important service; la question était délicate et difficile à résoudre; il fallait
mettre à la disposition de la boucherie un établissement qui pût satisfaire à toutes les conditions indis-
pensables de voisinage, de salubrité et de bonnes distributions. Cette opération donna lieu à de longues
études. Enfin l'exécution arriva en 1833; des abattoirs publics furent établis près de la rivière d'Eure,
carrefour Saint-Brice, et leur construction, à la fois
élégante et commode, eut l'approbation de tous les
hommes de l'art qui furent appelés à recevoir les
travaux; il y eut encore là pour la ville, sous le
rapport financier, une très-belle opération. La dépense totale qui s'éleva à 228,000 fr. donne aujour-
d'hui un produit municipal d'environ 22,000 fr. au
budget des revenus de la Commune.

Peu après l'achèvement de cette entreprise, vint
prendre place un autre projet dont l'exécution fut
accueillie avec une grande faveur par les habitants
de la partie haute de la ville, l'élévation par la va-
peur et la distribution des eaux de la rivière d'Eure.

On avait essayé longtemps d'établir des puits ar-
tésiens; des tentatives, commencées sous l'administration précédente, continuées sous la nouvelle,

n'avaient amené aucun résultat, faute de persévérance peut-être et d'argent surtout. Il fallut donc
prendre un parti ; c'était encore une dépense considérable, mais des plus utiles et qui devait être fructueuse.

Après de longues études, deux années d'essais et
de projets d'affermement, l'exécution eut lieu enfin
en 1840. La ville haute fut alors mise en possession
de l'inappréciable bienfait d'avoir de l'eau en abon-
dance pour les usages privés, le service des fon-
taines publiques, et l'assainissement des rues.

Si cette administration active et féconde avait ac-
quis à M. Chasles de nombreuses sympathies, il
n'en rencontrait pas moins, en ce temps de liberté,
une opposition des plus vives au sein même du Conseil municipal. Les contemporains n'ont pas oublié
combien les passions politiques étaient alors ardentes
dans notre ville. Il n'entre pas dans mes vues de ré-
veiller ces souvenirs ; je me borne à rappeler que, si
M. Chasles eut des luttes à soutenir, il en sortit toujours vainqueur, fort de la certitude d'un devoir
accompli.

De plusieurs exemples que je pourrais citer, je ne
retiendrai qu'un seul qui présente plus d'intérêt en
ce qu'il se rattache à un événement politique qui eut
assez de gravité pour trouver place dans l'histoire :
je veux parler de l'affaire dite du *Recensement*.

En l'année 1841, une mesure administrative, la
plus simple, la plus inoffensive, qui consistait à
opérer une répartition plus équitable des contribu-
tions publiques entre les départements et entre les

communes, mesure autorisée par les lois, prescrite
par de récentes dispositions législatives, avait été dé-
naturée par une presse hostile ou égarée. Le recensement des valeurs imposables, auquel l'administration avait donné l'ordre de procéder, devait, di-
sait-on, avoir pour but ou pour résultat de dépouil-
ler les Pouvoirs électifs du droit de créer, d'asseoir
et de répartir les impôts. Or, les questions d'impôts,
bien ou mal comprises, ont ce caractère propre de
passionner les populations, toujours en garde contre
l'aggravation possible des charges publiques. Des
excitations nouvelles, se reproduisant chaque jour
à l'aide d'insinuations malveillantes, d'arguments
faux ou spécieux, finirent par ébranler tout le pays.
Des protestations, des rassemblements s'organi-
sèrent; des émeutes sanglantes eurent lieu dans le
Midi, notamment à Toulouse; et nombre de corps
municipaux prirent parti pour la résistance.

La ville de Chartres eut sa part de l'émotion gé-
nérale; les meilleurs esprits se laissèrent circon-
venir, et la plupart des conseillers municipaux eux-
mêmes croyaient sincèrement à une illégalité de la
part des pouvoirs administratifs. Une proposition
longuement préparée se produisit donc au sein de
l'assemblée communale en vue d'adresser au Préfet
une protestation. Le parti hostile au gouvernement
avait compté sur cette démonstration du Conseil,
pour arriver à une agitation, à une résistance dans
la population. Au jour fixé pour la discussion, le
maire laissa les auteurs de la proposition développer leurs arguments; la majorité était entraînée, et

il était évident que la proposition avait une grande faveur.

M. Chasles prit à son tour la parole ; il connaissait à fond la question et la traita *in extenso* avec cette lucidité de discussion qui lui était propre, appuyant, justifiant sa réfutation à l'aide des textes de la loi même, et démontrant aux plus prévenus que le gouvernement agissait régulièrement et légalement ; que les mesures par lui prises avaient un but réel d'intérêt public et que, loin d'être en désaccord avec les droits des autorités municipales, elles n'étaient que la préparation d'un travail destiné à faciliter l'exercice éclairé de ces droits. À mesure qu'il parlait ainsi, la lumière se faisait ; les griefs s'effaçaient ; la fameuse question du Recensement redevint ce qu'elle était en réalité, une simple machine de guerre qu'il avait suffi de démasquer pour la détruire. Et à la fin de la séance, cette presqu'unanimité des conseillers venus avec des dispositions hostiles, éclairée désormais et bien convaincue, repoussa par un ordre du jour motivé la proposition, dont l'adoption eût créé au Maire tant de difficultés.

Si j'ai parlé un peu longuement de cette affaire, c'est que la victoire remportée par M. Chasles, dans son conseil municipal, eut au dehors et dans les hautes régions politiques un retentissement qui contribua puissamment à l'apaisement des esprits en France. Les développements qu'il avait donnés devant son conseil reçurent une grande publicité dans les journaux conservateurs, et le feu du parti hostile ne tarda pas à s'éteindre.

Malgré toutes ces préoccupations politiques et les luttes incessantes qu'il avait à soutenir, l'activité du maire ne s'affaiblissait en rien ; il voulait que sa ville fût au rang des mieux dotées.

Les intérêts moraux, les besoins de l'intelligence avaient eu leur part :

Le collége communal avait été mis en régie municipale en vue de donner plus de développement à l'enseignement secondaire, et de diminuer en même temps les sacrifices de la ville.

Pour l'instruction primaire, des écoles nouvelles avaient été instituées ; l'école d'enseignement mutuel, fondée primitivement par une association, avait été acquise par la Ville, classée comme école communale, et comme institution primaire supérieure. Une salle d'asile avait été créée pour les jeunes enfants pauvres, et M. Chasles avait fait don à la ville d'un local approprié à cet usage.

Les gloires nationales, oubliées pendant la Restauration, avaient été remises en honneur ; la place Saint-Saturnin, où est né le général Marceau et où s'élève une colonne construite à sa mémoire en 1801, reprit son nom de place Marceau ; la ville prenait une large part dans une souscription ouverte pour la statue qui lui fut érigée plus tard sur la place des Epars ; un Musée était établi dans une des dépendances de l'Hôtel-de-Ville ; formé en grande partie par les dons des habitants, il était de plus enrichi par les largesses du Gouvernement, et M. Chasles avait obtenu notamment l'original du magnifique tableau des funérailles du général Marceau, œuvre capitale de Bouchot.

L'agriculture avait aussi sa part dans cette universelle sollicitude des intérêts publics. Un comice agricole de l'arrondissement de Chartres avait été établi en 1836, et la Présidence en avait immédiatement été décernée à M. Chasles.

Deux questions d'une égale importance, mais offrant un intérêt d'un autre ordre, avaient été mises à l'étude et allaient prendre rang parmi les travaux les plus utiles de cette infatigable administration : la question du casernement et celle de l'éclairage de la ville par le gaz.

Dans un pays riche comme le pays chartrain surtout par la production de ses abondants et excellents fourrages et de toutes les denrées alimentaires, l'entretien d'une garnison permanente de cavalerie est affaire de première nécessité. Mais à cette époque le casernement de Chartres, divisé en deux parties éloignées l'une de l'autre, le quartier Saint-Père, et le quartier Saint-André, était d'ailleurs si défectueux, si incommode, si insuffisant que le Département de la Guerre avait pris le parti de retirer à la ville sa garnison. Les deux quartiers restaient presque toujours inoccupés. Tout souffrait de cette situation : le commerce de la ville, l'agriculture de la contrée et la caisse municipale sous le rapport du produit des octrois. Il était urgent d'aviser. Après des démarches multipliées, le Maire finit par obtenir du ministre de la guerre qu'il revînt sur sa décision ; des projets de réunion des

deux casernes en une seule, au quartier Saint-Père,
d'agrandissements et de constructions nouvelles furent longuement élaborés et en définitive mis à exécution; la ville dut s'imposer des sacrifices considérables, l'abandon de terrains et une subvention
de 123,000 fr.; mais elle se trouva dès lors en possession d'un casernement de 450 hommes et 450
chevaux environ, qui depuis ne lui a jamais fait
défaut.

La seconde de ces questions vint un peu plus tard;
elle devait achever l'ensemble des travaux de cette
intelligente et fructueuse administration.

L'éclairage par le gaz, qui n'avait pu jusqu'alors
être installé que dans un petit nombre de villes de
province, n'en était pas moins l'objet de l'ambition
des populations départementales qui enviaient à Paris et aux grandes villes cette merveilleuse conquête
de la science. Le Maire de Chartres avait devancé le
vœu de ses concitoyens; dès 1844, il étudiait la
question, sur les lieux en possession de cet éclairage; un avant-projet était même présenté au Conseil municipal; en 1845, on entrait en plein dans la
longue élaboration du projet définitif, dans la réalisation des voies et moyens d'exécution; et le 21
avril 1847, le Maire signait avec M. Lebon, entre-
preneur, le contrat qui assurait à la cité chartraine les avantages d'un établissement qu'elle avait
si ardemment souhaité.

Mais M. Chasles ne devait pas conduire à fin cette
dernière des œuvres capitales de son administration;
l'honneur en était réservé à ses successeurs. Depuis

longtemps un affaiblissement notable, une altération
sérieuse de sa santé exigeaient impérieusement le
repos ; il dut se démettre de ses fonctions de Maire ;
le 10 décembre 1847, sa démission était communi-
quée au Conseil municipal, qui, par un vote unanime, constatait en une délibération les regrets et
la reconnaissance publique qui l'accompagnaient
dans sa retraite.

Je n'ai pu suivre M. Chasles dans tous les actes
de son administration ; et cependant combien de
faits n'aurais-je pas eu à signaler qui témoignaient
de son zèle au temps des calamités publiques, et, en
toutes circonstances, de sa fermeté à faire exécuter
les lois ! Je n'en citerai que deux qui me reviennent
en mémoire.

Dès la seconde année de son entrée en fonctions,
en 1832, il avait eu à pourvoir aux nécessités des
jours néfastes où le choléra-morbus s'était appesanti
sur la cité. Vers la même époque, et lorsque fer-
mentaient encore les idées d'affranchissement d'impôts qui ne manquent jamais d'agiter les esprits
aux jours des révolutions, les vignerons du faubourg Saint-Cheron, soutenus comme toujours par
une foule mal intentionnée, s'étaient mis en état
de résistance à l'exécution des mesures légales de
l'exercice et du récolement des vins ; il en était résulté
dans ce faubourg une émeute qui pouvait devenir
sanglante. M. Chasles s'étant rendu sur les lieux,
suivi à distance d'une compagnie de grenadiers de
la garde nationale, n'hésita pas à s'avancer seul au
milieu de cette foule irritée, armée de fourches et

de pierres, et prête à se défendre. Il sut apaiser les clameurs qui l'avaient accueilli, et faire entendre le langage de la raison. Calme, mais fermé et résolu, il parvint ainsi à dominer l'émeute et à obtenir obéissance à la loi.

Quelques années plus tard, en 1846, un fait d'un autre ordre, mais qui pouvait avoir pour la cité des conséquences graves, se produisait. Un chef de Corps, commandant la garnison, s'imaginant sans doute que les lois civiles n'étaient pas faites pour le soldat, avait, à plusieurs reprises, enfreint des règlements de police municipale ; il s'agissait, je crois, du passage à cheval sur les promenades publiques. Il n'avait été tenu aucun compte d'avertissements réitérés ; même un garde de la police urbaine avait été maltraité dans l'exercice de ses fonctions. Le Maire, informé de ces faits, n'hésita pas à prendre fait et cause pour son agent ; il fit dresser procès-verbal, poursuivre et condamner le chef de Corps devant le tribunal de police.

Il y eut alors grand émoi dans les hautes régions militaires ; avoir traduit un Chef de corps devant le juge de police comme un simple bourgeois ! On saurait bien faire repentir la ville de l'outrecuidance municipale, et il ne s'agit de rien moins que de retirer la garnison de cavalerie. Mais quelque fâcheuse que fût cette menace, un intérêt plus grave avait fait agir le Maire, l'intérêt de l'égalité de tous devant la loi. Il tint donc ferme ; il démontra en haut lieu que le gouvernement devait contraindre les chefs de l'armée à respecter les autorités municipales et que le rappel de la garnison serait une mesure injuste et imprudente. Il obtint gain de cause devant le Ministre de la guerre; la garnison fut maintenue, et le chef de corps dut donner satisfaction à la loi, sans préjudice des arrêts militaires qu'il eut à subir disciplinairement.

Ces faits et bien d'autres assurèrent à M. Chasles le prestige de son autorité; ceux que je viens de signaler ont le mérite de mettre en pleine lumière son caractère politique.

Appelé à la chambre des députés dès 1831 par les suffrages de ses concitoyens qui l'y maintinrent pendant 17 ans, il y prit la position la plus honorable et la plus indépendante; ne demandant rien pour lui-même au Pouvoir, ne voulant rien recevoir des Partis, sa foi politique fut aussi sincère que désintéressée, et il prêta avec fermeté son appui au Gouvernement qui faisait de la France le pays le plus libre du monde et le plus prospère.

Habile et savant orateur, comme il en a donné tant de preuves dans les occasions nombreuses où il eut à parler en public, il eût pu assurément aborder la tribune avec succès. Travailleur infatigable, nul plus que lui n'étudiait les questions et n'était à même de les éclairer; mais il joignait une grande modestie à un grand savoir, et il ne prit guère la parole que dans des circonstances où les intérêts du département étaient engagés, notamment après l'incendie de la cathédrale de Chartres, pour soutenir un projet de loi dont il était rapporteur et qui affectait un crédit considérable à la réparation de cet in-

comparable édifice; puis une autre fois pour obtenir de la chambre, malgré de redoutables concur-
rences, que le chemin de fer de Bretagne passât par
Chartres.

C'était au sein des commissions, dans ces prépa-
rations intérieures qui décidaient le plus souvent
alors du sort des lois proposées, que M. Chasles apportait au travail commun le tribut de ses lumières;
c'est ainsi qu'il prit part à la confection de la loi sur
les chemins vicinaux qui, transformant la viabilité
du pays, devait être un des plus puissants éléments
de la prospérité publique. C'est ainsi qu'il concourut
à la loi municipale de 1837, qui conciliait le respect
des libertés communales avec les exigences du service administratif. Plusieurs fois membre de la commission du budget, il acquit les connaissances finan-
cières les plus étendues, en même temps que ses
travaux sur l'organisation du réseau des chemins de
fer lui donnaient dans la chambre une grande autorité en cette matière; ses collègues n'ont pas perdu
le souvenir de ces débats où brillait son esprit lucide
et pratique; et les hommes les plus illustres d'alors
eurent souvent à compter avec lui.

Aux derniers jours du Gouvernement de Juillet,
M. Chasles fut l'un des membres de cette fraction de
la majorité qui, tout en reconnaissant que la conduite
des ministres était légale et constitutionnelle, es-
timèrent qu'il était opportun de faire des concessions
qui eussent conjuré les périls de la situation; mais
ses efforts et ceux de ses amis furent impuissants;
les hommes qui tenaient dans leurs mains le pou-

voir, ne voulurent pas voir le danger, et ce qui devait n'être qu'un changement de Ministres fut une révolution.

M. Chasles n'exerça jamais que des fonctions gratuites et dont l'élection était le principe ; Maire dans un temps où le premier magistrat de la Commune devait être pris dans le sein du Conseil municipal, Député, il fut encore membre du Conseil général d'Eure-et-Loir. Il y marqua doublement son passage ; d'abord comme secrétaire, il rédigea des procès-verbaux qui sont restés des modèles ; puis, comme Président, il dirigea les débats avec une habileté et une impartialité auxquelles ses adversaires eux-mêmes rendaient hommage.

Juste appréciateur des intérêts généraux du département, il ne réclama pour le canton de Voves qu'il représentait, canton alors perdu dans les profondeurs de la Beauce, sans routes, sans chemins praticables, arriéré dans ses cultures et dans son développement intellectuel, que ce qu'il était en droit d'obtenir ; mais il sut faire valoir cette situation exceptionnelle, et défendre les intérêts qui lui étaient confiés. Aussi en 1848, lorsque le canton de Voves sortit des mains de M. Chasles, il était traversé par trois grandes routes, sillonné en tous sens par des voies de communication, triplé dans ses produits et dans la valeur de ses propriétés.

Nous voici arrivés au terme de cette longue et honorable carrière publique ; car la démission de M. Chasles, comme Maire, ne précéda que de deux mois la Révolution de 1848. Atteint alors dans ses convictions et dans ses sympathies politiques, il rentra dans la vie privée.

Mais l'heure d'un repos complet n'était pas venue pour lui; une œuvre de son noble cœur, je pourrais dire sa fille de prédilection, avait pris naissance quelques années auparavant, au temps même où l'on eût pu croire que cette activité de corps et d'intelligence dût être absorbée par tant d'autres travaux. Je veux parler de la colonie agricole de Bonneval; je l'ai à dessein laissée en réserve, parce que étrangère, directement du moins, aux choses administratives et politiques, elle ne fut pas pour M. Chasles l'accomplissement d'un devoir officiel, mais une création inspirée par l'une des délicatesses et des qualités intimes de son âme, la bienfaisance, sentiment qui le portait à protéger et secourir les enfants pauvres; à donner une famille à ceux qui n'en avaient pas; à leur procurer un corps sain et une âme honnête; à les mettre en état, par l'habitude du travail, de reprendre dans le monde la place que leur avait refusée l'abandon ou le malheur de leur naissance.

Ce fut en 1844 et 1845 que, grâce au concours de l'administration départementale qui mit à sa disposition l'ancienne abbaye de Bonneval et ses dépendances, M. Chasles organisa ce bel établissement. Une société de fondateurs avait aussi répondu avec empressement à l'appel qui lui avait été fait. Les enfants des deux sexes, enfants abandonnés, ou orphelins de familles pauvres, y furent admis dès l'âge le plus tendre. L'ancienne abbaye de

Bonneval, située sur les bords du Loir dans une riche et riante vallée, consistait en des bâtiments en ruines qui furent appropriés à cet usage et reçurent des distributions vastes et commodes. De grands jardins, des coteaux plantés en bois, un air pur, la campagne en un mot, offrirent les meilleures conditions de salubrité; l'administration intérieure et le gouvernement des enfants furent confiés aux sœurs de la communauté de Saint-Paul, que l'on est certain de rencontrer partout où il y a du bien à faire. Mais pour réaliser les vues du créateur de l'établissement, il fallait que cette colonie d'enfants fût essentiellement agricole, parce qu'elle était surtout destinée à donner des ouvriers à l'agriculture. Dans ce but, M. Chasles n'hésita pas; un vaste domaine enclos de murs, nommé les Garennes, qui touchait aux dépendances mêmes de l'abbaye, fut pris par lui-même à location et mis à la disposition de la colonie.

Dans ces conditions, elle remplit complétement le but qu'il s'était proposé : élever, moraliser les enfants par les travaux agricoles. En même temps l'enseignement, l'instruction primaire ne leur faisaient pas défaut; des sœurs de Saint-Paul pour les filles et les salles d'asile; à leur tête une Supérieure digne de ce nom à tous égards (1), un aumônier du premier mérite (2), un intelligent instituteur pour

(1) La vénérable Sœur Clémence, qui mourut avant la dispersion de la colonie.

2 M. l'abbé Mauger, aujourd'hui curé de Bonneval.

les garçons, faisant aussi les fonctions d'économe, suffisaient à tous les besoins.

La prospérité de la colonie passa toutes les espérances; grâce à l'observation rigoureuse d'un sage règlement, à une comptabilité sévère, à un ordre parfait et à une judicieuse économie dans les dépenses, on obtint des résultats incroyables; je dis incroyables, car, si des comptes réguliers ne venaient l'attester et le justifier, personne ne voudrait croire que la santé des enfants étant excellente, leur alimentation ayant pour base la viande et le pain blanc, la dépense de nourriture et d'entretien n'excédait pas, dans les années ordinaires, 35 centimes par jour et par tête, en sus des fruits, légumes et produits en nature fournis par les jardins. Tous les travaux d'agriculture et de jardinage étaient exécutés par les enfants; des vaches, en assez grand nombre, alimentées aux dépens de la culture, donnaient des produits qui, vendus dans la ville de Bonneval, faisaient entrer de notables bénéfices dans la caisse de l'établissement.

Une société de patronage annexée à l'œuvre-mère recevait les enfants à leur sortie de la colonie, facilitait leur placement selon leurs aptitudes, et les suivait ensuite dans la vie jusqu'à l'âge où ils pouvaient être livrés à eux-mêmes.

J'ai visité souvent cette demeure hospitalière; j'ai vu avec un vif intérêt les nombreux services qui fonctionnaient au milieu d'une paix profonde; la gaieté des enfants, la bienveillance de leurs maîtres; la bonne tenue des classes, des ouvroirs pour les filles, des asiles pour les plus petits ; les travaux de culture des champs et les magnifiques récoltes qui en étaient le produit. Si la création et la direction de cet établissement occasionnèrent à M. Chasles de longs travaux et bien des fatigues, elles furent aussi pour lui, grâce au succès qu'il obtint, la cause d'un légitime orgueil et une source de contentements.

Tout cela marchait donc admirablement et semblait destiné à une longue vie, et cependant tout cela a disparu !

La Révolution de 1848 avait respecté la colonie ; M. Chasles en fut éloigné momentanément par la réaction politique ; mais il n'avait pas tardé à être rappelé à la direction par les réclamations unanimes des fondateurs. Modifiée pendant l'interrègne dans son organisation agricole, la colonie reprit, avec son créateur, ses anciens errements, et demeura encore onze années entre ses mains ; mais en 1860, après quinze ans de la plus belle vie, en pleine prospérité, l'Asile des enfants pauvres dut être licencié ; l'œuvre qui leur rendait une famille avait une tache originelle ; elle rappelait le bienfait d'un autre âge, et il fallait faire place à une œuvre des temps modernes, à un Asile pour les aliénés. La colonie agricole de Bonneval n'est plus ; mais elle a laissé un grand exemple à suivre et d'impérissables souvenirs.

Dès ce moment M. Chasles fut rendu complétement à lui-même.

Il s'était retiré dans sa terre de Marcouville, aux environs de Brezolles ; il se plut à embellir cette résidence où il passa l'été pendant les vingt dernières années de sa vie (1). C'est là que les membres du Comice agricole de Dreux vinrent le chercher pour le mettre à la tête de leur association ; c'est là que vint le chercher aussi une commission libre qui poursuivait l'exécution du chemin de fer de Paris à Granville, par Dreux : appelé à en faire partie, il prit une part active à ses démarches et contribua à assurer au département la voie ferrée qui dessert ces cantons.

M. Chasles conserva dans sa retraite l'activité de son esprit, et cet amour pour le travail que j'appellerai désordonné, car il ne put jamais se résigner au repos. Sa vieillesse fut laborieuse comme l'avait été toute sa vie ; la connaissance approfondie de l'histoire et particulièrement de l'histoire locale, les soins qu'il prenait de rassembler tous les documents qui s'y rattachaient, ses recherches bibliographiques dirigées surtout dans le but de réunir les œuvres des écrivains de notre pays, en firent un des hommes les plus érudits de notre temps. Je ne puis, sans un plaisir mêlé de regrets, me rappeler sa conversation solide et variée, l'accueil qu'il faisait à ceux qui venaient le visiter et qui les retenait à son foyer. Dans cette habitation de Marconville qu'il avait fait construire, son premier hôte fut notre digne Evêque, Monseigneur Regnault, qui, comme son prédécesseur, professait pour M. Chasles une estime particulière. Le dernier fut son ancien collègue à la cham-

(1) Voir la notice ci-après, aux pièces jointes.

bre des députés et au Conseil général, M. Raimbert-
Sevin, lié avec lui pendant tant d'années par la
communauté des opinions politiques et par l'élévation des sentiments.

Ceux des amis de M. Chasles, sous les yeux des-
quels passera cette esquisse, devront la trouver
incomplète, surtout en ce qui touche l'une des
principales richesses de son âme, la bienfaisance.
Je le reconnais; mais j'ai cru que si j'avais le droit
de mettre en évidence les qualités qu'il apporta
aux services publics, je manquerais peut-être au
respect que je dois à sa mémoire, en soulevant
le voile dont il a voulu, pendant sa vie, que fussent
couvertes les plus douces, les plus saintes inspira-
tions de son cœur. Ce fut, de son vivant, une affaire
secrète entre lui et ceux qu'il secourut; aujourd'hui
c'est une affaire entre lui et Dieu.

Si, durant sa longue carrière, M. Chasles eut de
tristes mécomptes, il en fut indemnisé par les jours
heureux que lui donna l'intimité de sa vie privée.

Entouré des soins d'une épouse digne de lui et
d'une famille qui répondait à son grand cœur et à
sa haute intelligence, il eut ce bonheur de voir son
frère aîné, M. Michel Chasles, qu'il aimait d'une
affection profonde, honorer leur nom d'une illus-
tration acquise par d'impérissables travaux.

L'âge n'affaiblit pas le caractère de M. Chasles; il
ne connut pas de défaillance. Je le vis à Paris peu
de temps avant sa mort, et j'eus avec lui de longs
entretiens. Il avait fortifié ses convictions religieuses
par la lecture assidue de l'Évangile et des Pères de

l'Église; aussi, quand vinrent pour lui les redoutables et derniers jours de la vie, son âme, fortement assise sur la certitude et l'espérance, se
manifesta pleine de courage et de résignation chré-
tienne; au milieu des plus cruelles souffrances,
ses adieux furent empreints de sérénité; sa belle
mort fut digne de sa belle vie.

LETARTRE,
Ancien membre du Conseil de
Préfecture d'Eure-et-Loir.

M. Adelphe Chasles est mort à Paris, en son hôtel,
rue de Londres, le 28 janvier 1868; ses obsèques
ont eu lieu le 31 janvier, à l'église Saint-Louis-
d'Antin, sa paroisse, au milieu d'un concours considérable de parents et d'amis auxquels s'étaient
joints des membres du sénat, des conseillers d'État,
des députés et d'anciens députés; des membres de
l'Institut, des magistrats, et une députation de la compagnie des notaires de Paris, à laquelle M. Chasles appartenait comme notaire honoraire. Un grand nombre d'habitants de Chartres, parmi lesquels on remar-
quait M. Charles Rémond, ancien maire, et M. de
Saint-Laumer, maire actuel, s'étaient réunis à Paris
pour rendre les derniers devoirs à celui qui fut si
longtemps au milieu d'eux le représentant et le dé-
fenseur de leurs droits et de leurs intérêts.

Les glands étaient tenus par M. Dufaure, avocat, ancien ministre et ancien collègue de M. Chasles à la Chambre des députés, par M. Edouard Goupil, conseiller d'État et membre du Conseil général d'Eure-et-Loir, et par deux membres de la députation des notaires de Paris.

Sa dépouille mortelle fut déposée au cimetière du Père Lachaise, dans un caveau de famille; deux discours furent prononcés sur sa tombe, l'un par M. Goupil, conseiller d'État; l'autre par M. de Saint-Laumer, maire de Chartres, au nom de cette ville.

D'autres souvenirs honorables, d'autres hommages à sa mémoire lui étaient réservés dans son pays natal.

Le Conseil municipal de la ville de Chartres prenait, sur la proposition du maire, et par un vote unanime, une délibération par laquelle, comme manifestation des regrets de la cité, comme souvenir des services de M. Chasles et témoignage de la reconnaissance publique, il décidait qu'à l'avenir le boulevard Saint-Michel porterait le nom de *Boulevard Chasles*.

Le général Le Breton, président du Conseil général, à l'ouverture d'une session extraordinaire de ce Conseil, prononçait une allocution où il rappelait les services éminents de M. Chasles dans les divers postes publics qu'il avait occupés.

Le Président de la Société Archéologique d'Eure-et-Loir, dont M. Chasles faisait partie, exprimait les mêmes regrets et les mêmes sympathies.

Le Secrétaire du Comice agricole de Chartres,

dans un article inséré dans l'un des journaux de la localité, rappelait la grande part que M. Chasles avait prise jadis à l'organisation et aux travaux du Comice dont il avait été longtemps le Président, ainsi que les nombreux services rendus par lui à l'agriculture du département.

Enfin, le Vice-Président de la Société d'Horticulture d'Eure-et-Loir, à laquelle appartenait M. Chasles, signalait, dans une notice lue à une réunion des Sociétaires, les services rendus à l'horticulture par les belles appropriations du parc et des jardins de Marcouville.

Nous ne pouvons mieux faire que de donner ici le texte de ces divers témoignages, comme complément de la notice qui précède.

DISCOURS PRONONCÉ PAR M. GOUPIL.

MESSIEURS,

Il y a dix ans, près d'une tombe qui renfermait mes plus chères affections, M. Chasles prononçait de touchantes paroles dont le souvenir est resté profondément gravé dans mon cœur; je viens, en lui donnant un dernier témoignage de mon amitié, lui payer en même temps le tribut de ma reconnaissance.

Celui que nous pleurons, Messieurs, fut non-seulement un homme de bien, mais encore un homme éminent par les qualités les plus élevées de l'âme et de l'esprit.

Issu d'un père dont nous avons pu apprécier la haute intelligence, il annonça dès sa première jeunesse qu'il en serait le digne fils, et de nombreuses couronnes lui furent décernées dans le cours de ses brillantes études.

Sorti du collége, il se destina au notariat, et en 1823, à peine âgé de 28 ans, il succédait au respectable M. Caigné, dont la fille devait être plus tard la fidèle compagne de sa vie.

Sa place fut bientôt marquée parmi les membres les plus distingués de l'honorable corporation des notaires de Paris; il aurait sans doute parcouru longuement la carrière qu'il avait embrassée, si un double malheur, la perte presque simultanée de sa première femme et de son fils, ne fût venu briser son cœur et changer ses résolutions.

Dans la profonde affliction où il était, il ne se sentit pas la force de continuer les affaires et résigna ses fonctions dans les premiers mois de 1826, après les avoir exercées moins de trois ans. Cet exercice si court lui avait cependant suffi pour gagner l'estime de ses confrères qui, par une précieuse exception, lui conférèrent quelques années plus tard, en 1831, le titre de notaire honoraire.

De 1826 à 1830, M. Chasles, retiré dans son pays natal, ne tarda pas à y conquérir l'influence que sa capacité, la dignité de son caractère et son amour du bien public devaient lui donner. Chef de l'opposition libérale mais modérée, il se trouvait placé au premier rang parmi les hommes appelés à soutenir le gouvernement régulier sorti de la Révolution de Juillet.

Nommé maire de Chartres au mois de septembre 1830, il fut élu député en 1831.

Vous savez tous, Messieurs, avec quelle conscience il a rempli ce mandat que ses concitoyens lui ont constamment renouvelé jusqu'en 1848. Vous savez quelle position honorable il s'était faite à la Chambre. Elle aurait pu certainement être plus importante encore, si son extrême modestie ne l'avait trop souvent empêché d'aborder la tribune, où son expérience des affaires, l'étendue, la variété de ses connaissances et la facilité de sa parole lui eussent assuré les plus brillants succès. Cette pensée, qui est de ma part l'expression d'une conviction ancienne, ne sera, j'en suis sûr, contredite par aucun de ceux d'entre vous qui ont assisté aux luttes ardentes des réunions électorales préparatoires dont la ville de Chartres a été souvent le théâtre, et qui ont pu admirer la puissance de ses talents oratoires. C'est en effet à Chartres, c'est dans le département d'Eure-et-Loir que M. Chasles s'est manifesté tout entier et a vraiment marqué sa supériorité.

Maire de Chartres, pendant plus de dix-sept ans, son administration fut un modèle d'ordre, d'économie, d'activité vigilante et féconde.

Membre du Conseil général, il était, dès sa première élection, une des lumières de cette assemblée qui comptait tant d'hommes de mérite; secrétaire, il léguait à ses successeurs des procès-verbaux rédigés avec une clarté et une précision admirables; Président, il dirigeait les délibérations avec une autorité et une sûreté qui peuvent être égalées, mais non dépassées.

Promoteur le plus actif de l'association qui a fondé la colonie de Bonneval, puis directeur de cet établissement dès sa création, il en assurait la prospérité.

Cette fonction, la direction de Bonneval, lui était chère entre toutes. Elle fut la seule qu'il tint à conserver lorsque la Révolution de 1848 vint le forcer prématurément à quitter les affaires publiques; et, jusqu'au jour où la colonie fut remplacée par une autre institution, il y apporta les mêmes soins, le même intérêt, le même dévouement.

Aux vertus de l'honnête homme et de l'excellent citoyen M. Chasles unissait la foi vive et les profondes croyances du chrétien. Il a vu la mort s'approcher, sans terreur, sans épouvante; il a conservé, même à l'instant suprême, au milieu des plus cruelles souffrances, la plénitude de ses facultés, et son âme, dégagée de son enveloppe périssable, s'est élevée doucement vers les célestes régions, où elle trouvera, soyez-en sûrs, Messieurs, l'éternel bonheur que Dieu réserve à ses élus.

Aussi, dans ce jour de deuil, ce n'est pas lui que nous devons plaindre. Ceux qui sont vraiment à plaindre, c'est cette veuve, si digne de lui, dont la douleur amère ne peut avoir de soulagement que par la même foi religieuse et par l'espérance de rejoindre, dans une vie meilleure, l'époux qu'elle a si tendrement aimé; c'est ce savant illustre, son frère aîné, condamné à lui survivre, qui aura besoin de toute son énergie pour supporter la terrible épreuve que le ciel lui inflige et pour continuer le cours de ses glorieux travaux; c'est toute cette famille dont il était le chef adoré, et nous tous, Messieurs, qui avons connu, aimé, estimé M. Chasles; et tant d'autres, qui n'ont pu venir à ce triste rendez-vous, mais qui, riches ou pauvres, pauvres surtout, perdent en lui un ami, un protecteur toujours accessible ou un bienfaiteur dont la charité était inépuisable.

DISCOURS PRONONCÉ PAR M. DE SAINT-LAUMER.

MESSIEURS,

C'est au nom de la ville de Chartres que je viens dire un dernier adieu à l'un de ses enfants les plus dévoués, à l'un de ses enfants les plus chers.

M. Adelphe Chasles a consacré près de vingt années de sa vie à assurer la prospérité de son pays. Je ne vous parlerai pas de ses vertus privées, car vous tous qui êtes réunis autour de cette tombe, vous l'avez connu et vous l'avez aimé : mais ce que je tenais à redire, parce que c'est l'écho fidèle de ce qui se répète en ce moment dans sa ville natale, c'est que la sûreté et l'étendue de son intelligence, la fermeté et la loyauté de son caractère ont fait que son souvenir restera parmi nous comme celui du modèle le plus accompli du magistrat municipal.

Si, comme tout homme qui, à nos époques agitées, se dévoue aux affaires publiques, M. Adelphe Chasles a eu ses jours de combat, il a toujours su, dominant les événements par la grande honorabilité de son caractère, mériter l'affection dévouée du plus grand nombre et le respect de tous; aussi, plus heureux que d'autres, la reconnaissance de ses concitoyens n'a pas attendu jusqu'à ce moment suprême pour lui rendre hommage. Les orphelins pauvres du département d'Eure-et-Loir ont déjà depuis longtemps appris à l'appeler leur bienfaiteur : le jour de son décès a été un jour de deuil pour notre cité chartraine, qui, si elle ne doit pas posséder son tombeau, saura du moins payer son tribut de reconnaissance à M. Adelphe Chasles en conservant précieusement et en vénérant sa mémoire.

DÉLIBÉRATION DU CONSEIL MUNICIPAL DE CHARTRES.

Séance du 7 février 1868.

Le Conseil,

Ouï M. le Maire annonçant la mort de M. Adelphe Chasles, récemment enlevé à l'affection de sa famille, proposant de rendre hommage à sa mémoire, en donnant son nom à l'une des grandes voies de circulation de la ville, et désignant au Conseil le boulevard Saint-Michel comme étant le plus digne d'être choisi,

Considérant que, pendant de longues années, M. Adelphe Chasles a rendu de nombreux services à la ville de Chartres et comme Maire et comme Député, et qu'il y a lieu de perpétuer, dans la mémoire des habitants, le souvenir de ses qualités personnelles et de son dévouement éclairé,

Considérant qu'il ne saurait être choisi un point de la ville plus convenable pour porter le nom de M. Chasles, que le boulevard Saint-Michel, puisqu'il est dû à son initiative, et qu'il a été exécuté sous son administration ; que de plus il y habitait, lui et sa famille, qui compte encore de nos jours un savant illustre, membre de l'Institut, auquel la ville de Chartres doit s'honorer d'avoir donné naissance,

A DÉLIBÉRÉ CE QUI SUIT :

Le Conseil, voulant donner à la mémoire de M. Chasles un témoignage de ses regrets et de la reconnaissance qui l'anime, décide que le boulevard Saint-Michel s'appellera désormais *Boulevard Chasles*.

Étaient présents et ont signé :

MM. Billard de Saint-Laumer, maire, président ; Isambert, adjoint ; Bonnet, Bourgeois, Boutet, Boy, Brault, Castel, Delacroix, Doullay - Gillot, Doullay - Guérin, F. Durand, Fessard, Francfort, Auguste Lefebvre, Albert Marchand, Mouton, Nicolle, Rabinel et Michel Isambert, secrétaire.

CONSEIL GÉNÉRAL D'EURE-ET-LOIR.

EXTRAIT DU DISCOURS PRONONCÉ PAR M. LE GÉNÉRAL LE BRETON

A l'ouverture de la session extraordinaire
du 8 février 1868.

. . . .

» Je ne serai pas moins certain d'exprimer un sentiment
» aussi unanime au milieu de vous, en rappelant le deuil
» profond que laisse dans ce département la mort récente
» de l'homme éminent qui, pendant de longues années,

» présida ce Conseil ; qui, dans ces fonctions comme dans
» celles de Député d'Eure-et-Loir et de Maire de la ville de
» Chartres, a laissé les plus précieux et les plus honorables
» souvenirs.

» Messieurs, je n'ai pas besoin de nommer M. Adelphe
» Chasles ; en rappelant cette vie constamment utile et ho-
» norée, j'étais bien assuré que ce nom était dans la mé-
» moire de chacun de vous. »

Le Conseil général déclare s'associer complétement aux
sentiments et aux regrets manifestés par M. le Président
sur la perte récente de M. Adelphe Chasles, et décide qu'il
en sera fait mention au procès-verbal.

LETTRE DE M. L. JOLIET.

(UNION AGRICOLE.)

Chartres, le 30 janvier 1868.

La triste nouvelle que vous annoncez dans votre numéro
d'aujourd'hui n'est que trop vraie.

M. Adelphe Chasles est mort à Paris le 28 de ce mois,
dans sa soixante-treizième année.

Sans entrer dans les détails d'une vie si bien remplie,
sans parler d'un dévouement inébranlable au bien public
dans les hautes fonctions qu'il a dignement occupées comme
chef de l'administration municipale de notre ville, à la
Chambre des députés, au Conseil général d'Eure-et-Loir,
nous ne devons pas oublier, dans la feuille qui représente
les intérêts agricoles de notre département, que lorsque le
Comice de Chartres fut institué par les soins de M. Deles-
sert, ses premiers fondateurs, M. Isambert, notre doyen,

M. Roussille, M. Lelong, père de notre président, MM. Desvaux et tant d'autres ont nommé M. Adolphe Chasles président de notre association naissante. C'est sous ses auspices et sous sa direction que nous avons fait nos premiers pas ; pendant quatorze ans, il a dirigé nos travaux, hâté nos progrès.

Après le grand naufrage des institutions d'alors, il a quitté notre ville pour se retirer dans sa terre de Marcouville. Une intelligence comme la sienne ne pouvait demeurer ignorée et inactive. Le Comice de Dreux à son tour est venu le chercher pour le mettre à sa tête. Il lui a rendu, quand est venue l'heure de la retraite, un éclatant témoignage en lui donnant pour successeur M. Léon Vingtain, son beau-fils.

M. Chasles appartenait à cette génération d'hommes fortement trempés, ardents pour le bien, fermes dans leurs convictions, honnêtes et droits dans la réalisation de leurs pensées, génération qui s'éteint chaque jour et qui nous laisse des regrets mêlés de terreur, car nous ne voyons pas comment combler le vide que ces hommes laissent derrière eux.

Au milieu des luttes souvent passionnées d'une époque libre et virile, s'il avait rencontré des antagonistes ardents, longtemps avant la mort il avait serré la main d'anciens adversaires, qui tous avaient gardé pour lui une estime sincère.

Dans ses dernières années, il se reposait des agitations de la vie politique par les affections de la famille et par le commerce de nos auteurs classiques ; il étudiait avec la persévérance d'un antiquaire et l'intuition d'une intelligence d'élite le grand siècle littéraire de la France.

Notre Société archéologique l'a vu souvent prendre part à ses discussions, il apportait à nos séances les clartés d'un esprit juste et élevé.

C'est à ce double titre que je viens vous entretenir de l'éminent concitoyen que tout Chartres regrette.

Agréez, Monsieur le Rédacteur, l'assurance de ma considération la plus distinguée.

L. JOLIET,

Secrétaire du Comice agricole de l'arrondissement de Chartres et de la Société archéologique d'Eure-et-Loir.

NOTICE LUE A LA SOCIÉTÉ D'HORTICULTURE.

Messieurs,

Un de nos sociétaires les plus éminents, M. Adelphe Chasles, est décédé à Paris, il y a peu de jours, le 28 janvier.

La Société d'Horticulture d'Eure-et-Loir prend une grande part aux regrets unanimes que sa mort a fait naître, car elle perd en lui un des membres qui ont donné à nos travaux les plus nombreux témoignages d'intérêt et d'encouragement.

C'est à ce titre que je viens vous entretenir des services qu'il a rendus à la science que nous cultivons, par la création et l'entretien de jardins dignes d'attirer au plus haut degré l'attention, je dirai même l'admiration des hommes de l'art et des praticiens les plus distingués.

Ce fut en 1856 que la Société d'Horticulture put inscrire sur sa liste le nom de l'ancien Député d'Eure-et-Loir, de l'ancien Maire de la ville de Chartres, alors président du Comice agricole de l'arrondissement de Dreux.

On n'avait pas oublié avec quelle distinction M. Chasles avait présidé, pendant douze ans, le Comice agricole de Chartres, qu'il avait contribué à fonder en 1836. Chacun se rappelait les discours, pleins de sentiments élevés, qu'il y prononçait avec une entraînante diction, aux solennités annuelles. Aussi, dès qu'il eut fixé sa résidence aux environs de Dreux, les membres du Comice de cet arrondissement s'empressèrent-ils de le choisir pour leur président.

A cette époque, 1856, la colonie de Bonneval, dont M. Chasles avait conservé la direction après les événements de 1848, existait encore.

La Société d'Horticulture qui grandissait n'avait pas tardé à s'intéresser à cette ancienne abbaye de Bonneval qui contenait de vastes jardins, abandonnés depuis longtemps. Un des premiers soins de M. Chasles avait été de les rendre à leur destination, de les restaurer. Et si les jardins de l'asile sont aujourd'hui un centre de cultures et d'études horticoles utiles à la contrée, ce résultat a été préparé par le directeur de la Colonie. C'est sur les arbres plantés sous cette première administration, et qui sont aujourd'hui en plein rapport, que se font les cours d'arboriculture organisés par la Société à Bonneval, avec le concours toujours empressé du directeur de l'Asile.

Mais l'œuvre qui recommande le plus M. Adelphe Chasles à la Société d'Horticulture d'Eure-et-Loir, c'est la création de Marcouville, du Marcouville moderne, telle que se présente aujourd'hui cette belle propriété : château, parc et jardins.

Marcouville est un bien patrimonial de Mᵐᵉ Chasles; l'ancienne habitation de la famille Caigné fut remplacée, en 1855, par une splendide construction, œuvre d'un architecte chartrain, M. Piébourg, reproduisant l'élégante et imposante architecture du siècle de Louis XIII, et digne du vaste parc qui l'entoure.

M. et Mᵐᵉ Chasles eurent une grande part dans cette création, ainsi que dans celle du parc et des jardins dont les dispositions grandioses et les heureux effets font valoir encore le bel édifice qu'ils accompagnent.

Le parc a été dessiné et planté avec tout le bon goût que la science moderne et les progrès d'un art nouveau inspirent aux architectes de parcs et de jardins.

Les agréments pittoresques d'un parc paysager ont été substitués à ce qu'on appelait le genre français avec ses lignes droites, ses formes compassées et mathématiquement régulières. Se détachant de massifs de verdure groupés autour de lui et qu'il domine, le château produit un effet à la fois imposant et gracieux au milieu des plaines qui l'environnent.

Les jardins, verger et potager, sont reliés à la partie d'agrément proprement dite, par des groupes de massifs, qui ménagent la transition. Ces jardins sont une des parties de l'ensemble les plus agréables à visiter. M. Chasles aimait à venir s'y délasser de ses travaux en compagnie de Mme Chasles qui affectionne particulièrement cette partie de son domaine.

Des espaliers bien dirigés et productifs, des treilles habilement conduites, et, chose difficile dans cette contrée, menant à bien leur fructification; de belles pyramides fruitières, des carrés de culture maraîchère verdoyants ou chargés de leurs produits mûrs, des primeurs sous châssis ont aussi leur intérêt et leur charme. Vous m'excuserez, Messieurs, de me complaire ici dans cette description; mais n'oubliez pas qu'il s'agit d'en rapporter le mérite à celui en souvenir duquel je vous en parle aujourd'hui.

Plusieurs fois, des commissions de notre Société se sont présentées à Marcouville; M. et Mme Chasles leur ont toujours fait le plus gracieux accueil. L'année dernière encore, à la solennité du Comice qui se tenait à Brezolles, nous avons décerné une récompense au jardinier en chef de la propriété. Cet ancien serviteur est, à Marcouville, un souvenir de Bonneval; il est un des habiles ouvriers que M. Chasles avait employés à l'œuvre de la restauration des jardins de l'abbaye.

M. Chasles demeura constamment attaché à notre Société. Plusieurs fois nous avons eu à constater l'empressement avec lequel il répondait aux appels faits pour des expositions et des concours, et les distinctions qu'il a obtenues.

Permettez-moi, Messieurs, de terminer cette notice en rappelant un fait dont je fus personnellement touché. C'était le 30 mai 1860. La solennité du Comice avait pareillement eu lieu à Brezolles, cette année-là. Un cours de taille des arbres fruitiers avait été annoncé. Il se fit à la mairie dans la matinée. La première personne que je vis entrer dans la salle fut M. Adelphe Chasles qui vint me serrer la main. Il avait voulu honorer et encourager par sa présence un modeste enseignement dont il reconnaissait l'utilité.

Des paroles éloquentes et parties du cœur, prononcées sur sa tombe, ont dit les qualités de l'homme privé, les services rendus par l'homme public et ses titres à la reconnaissance de ses concitoyens.

Pour moi, en écrivant ces lignes, Messieurs, j'ai voulu constater que M. Adelphe Chasles avait été des nôtres, qu'il s'était intéressé à notre association, qu'il avait contribué à sa prospérité; et, au nom de la Société d'Horticulture d'Eure-et-Loir, lui donner aussi notre tribut de gratitude et de regrets.

J. COURTOIS,
vice-président.

CHARTRES. IMPRIMERIE DE GARNIER.